DISCOURS FUNÈBRES

PRONONCÉS

PAR M. LE PASTEUR TACHARD

ET

M. LE DOCTEUR A. PENOT,

LE 17 JUILLET 1852,

à l'occasion de la mort

DE

M. NICOLAS KOECHLIN.

DISCOURS

prononcé

PAR M. LE PASTEUR TACHARD.

→→→◦◦◦←←←

Messieurs et chers frères en Jésus-Christ,

Le voilà donc porté le coup que nous redoutions ! Nicolas Koechlin dont les longues souffrances étaient déjà une affliction pour notre Cité et une cause de déchirante anxiété pour ses enfants, pour ses parents, pour ses amis, Nicolas Koechlin n'est plus ! Il ne reste plus de lui que de froides dépouilles que nous allons religieusement confier à la terre pour y attendre, dans le repos, le jour solennel où la voix toute-puissante de Jésus-Christ, rendra la vie à nos corps mortels. Cette séparation toute prévue qu'elle était, a ému tout le pays. Le grand concours de citoyens de tout culte, de toute opinion, accourus de tant de points de notre Alsace pour s'associer au deuil de sa famille, vous dit, en effet, comme à nous, que la mort de ce frère est un de ces événements qui se font sentir au loin, et qui excitent de communs regrets. Cet empressement à rendre les derniers et pieux devoirs à un tel homme, ne nous étonne pas, car il est juste : Vous avez voulu vous unir à l'affliction d'une famille que vous estimez, que vous voudriez pouvoir consoler, et manifester publiquement vos regrets pour la perte d'un concitoyen dont la longue carrière a été si honorablement et si utilement remplie.

Combien je bénirais Dieu si, dans cette douloureuse circonstance, il m'était donné d'apporter quelque adoucissement à l'affliction de tant de parents, pour qui la mort de ce père, de ce frère, de cet ami, est une perte irréparable ! Peut-être devrions-nous respecter une telle douleur, et garder un silence modeste sur ses justes motifs. Il est, en effet, de ces qualités dont le foyer est l'unique confident et dont la publicité est une espèce de profanation. Mais, que les cœurs les plus attristés dans ce moment de déchirante séparation, nous le pardonnent, il est bon que le frère si honorablement connu par sa vie publique, le soit aussi par le charme profondément attachant qu'il inspirait à tous ceux qui vivaient sous son toit, ou qui soutenaient avec lui des rapports intimes. L'affection, le dévouement, le respect que lui portait toute sa famille, nous sont de sûrs et touchants témoignages des nobles et précieux sentiments dont son cœur était rempli. On n'est pas chéri et vénéré comme il l'était, sans de puissants motifs; sans ce trésor de qualités qui se cachent dans le secret de la vie domestique, mais qu'on devine facilement au parfum qu'elles répandent au dehors. C'est surtout dans les longs jours et dans les plus longues nuits de souffrance qui ont précédé sa paisible fin, que sa douceur, sa patience, sa bonté et sa reconnaissance pour les soins affectueux dont il était l'objet, se sont montrées dans tous leurs attendrissants effets. Jamais une plainte ! toujours un sourire pour ceux qui étaient assez heureux pour lui rendre un service ! Enfants, frères, sœurs, serviteurs et servantes, il les touchait tous jusqu'aux larmes par l'affection de ses paroles et de son regard. De sorte que, la tendresse et le respect qu'on lui portait, s'accroissaient et se fortifiaient à mesure qu'on approchait du moment suprême où tant de liens si chers devaient être brisés.

Chers frères, pour qui ces paroles, peut-être indiscrètes, sont autant de nouveaux aiguillons à votre juste affliction, vous savez où se trouve l'unique remède à votre douleur. Plus vous avez perdu en celui que vous vous plaisiez à considérer comme le conseil, le soutien, le chef et l'ami le plus dévoué de votre famille, et plus vous avez besoin de recourir à la seule source des vraies et solides consolations.... à Celui qui, du Ciel *où il est allé nous préparer une place*, nous dit avec une autorité toute divine : *Je suis la résurrection et la vie; quiconque croit en moi, vivra, quand même il serait mort*. Ecoutez sa voix céleste ; c'est celle du meilleur, du plus puissant ami qui nous ait été donné ; de celui d'où découlent *les eaux raffraîchissantes en vie éternelle*.

Mais si Nicolas Koechlin vous appartenait par le sang, par le cœur, par les plus douces affections ; si à tous ces titres sacrés, sa perte est pour vous, tout particulièrement, un si légitime sujet de profonde douleur ; par son intelligence, par sa vie publique, comme citoyen et comme négociant, il appartenait à sa ville natale, à l'Alsace et à la France. Aussi, Mulhouse, l'Alsace et la France, ont-elles leur part d'affliction dans l'épreuve à laquelle la volonté de Dieu vient de vous soumettre.

Vous ne vous attendez pas, Messieurs et chers frères, que je vous déroule ici le tableau d'une vie si pleine, si riche en fruits utiles pour son pays. C'est à d'autres voix à vous raconter l'histoire de cette existence qui a laissé de si nobles traces de son passage sur cette terre. Mais s'il n'entre point dans ma mission de vous signaler tout ce qui recommande notre frère à l'estime et à la reconnaissance publiques, et lui assure, du moins parmi nous, une illustration honorable, c'est rester dans les limites de mon ministère que de rechercher avec vous, quelles sont les causes de cette haute position sociale qu'il a su conquérir, de tant de services rendus, de cette considération générale dont il a été entouré, et qui restera attachée à sa mémoire.

Avant tout, c'est aux dons de Dieu qu'il faut remonter. *Tout don parfait descend du Père des lumières*, et ce que dans notre langage humain, nous appelons le génie, à quelque branche de l'intelligence qu'il se rapporte, n'est autre chose qu'un rayon de la science infinie et de la puissance créatrice de Dieu. Mais il faut que ce don soit cultivé et fécondé par le travail, par la probité, par l'amour de sa famille, de ses semblables, de son pays, de sa patrie, et par une constance capable de résister aux découragements, aux mécomptes, aux revers, et de surmonter les obstacles devant lesquels tant d'esprits reculent par le sentiment de leur impuissance. Messieurs, c'est ce qu'a fait le frère que nous pleurons : richement doué de son créateur, il eut de bonne heure le sentiment de ses forces. Obéissant au désir d'élever sa maison au rang des premières de l'Alsace et de la France industrielles, il y parvint, avec le puissant concours de ses frères. Mais par quels moyens? par le travail, par une loyauté parfaite, par un esprit d'ordre sans parcimonie et qui savait se montrer large à propos; par la noble ambition de pousser au progrès; par tous les moyens, enfin, d'une puissante activité réglée par un cœur honnête et droit.

Si nous le suivons dans sa carrière politique, alors qu'il aspira à l'honneur de participer aux travaux des Députés de la France, on pourra ne point partager ses vues sur les moyens qu'il croyait les plus propres à assurer la liberté et la prospérité de son pays, mais toujours — ses adversaires lui ont rendu cette justice, — ses opinions et ses votes lui ont été inspirés par un sentiment de patriotisme qui lui valut la confiance et l'affection de plusieurs des grands citoyens qui honorèrent une époque, déjà loin de nous.

C'est ce même amour de son pays, cette activité d'esprit qui

lui permettaient d'embrasser plusieurs vastes projets à la fois,
qui l'avaient porté, avant sa carrière politique, à vouloir agran-
dir sa ville natale et la mettre en harmonie avec son étonnante
et rapide prospérité; entreprise pleine de courage et de compli-
cations, et qu'il a su conduire à une heureuse fin au milieu de
difficultés et de vicissitudes de nature à décourager un esprit
moins tenace que le sien.

Que dirai-je de cette conception colossale à l'exécution de laquelle il a consacré les dernières années de sa vie? Il a voulu
doter l'Alsace de la voie ferrée la plus grande qui existât jus-
ques-là dans notre France, et il y est parvenu. Mais à quel prix?..
quels travaux! quels soucis! quelles tribulations! quelle constance, il lui en a coûté! Honneur et respect à cette puissance
de volonté et d'exécution à laquelle nous devons ce grand mo-
nument de l'intelligence et du travail de l'homme.

Voilà, Messieurs et chers frères, le père de famille, le négociant, le citoyen que nous avons perdu. Mais s'il ne nous est
plus donné de le compter au nombre des vivants, ses œuvres
restent. Elles sont écrites dans nos établissements de bienfaisance
et de charité qu'il a contribué à fonder ou à enrichir de ses dons.
On les voit dans nos rues, dans nos places publiques, dans toute
notre belle Alsace qu'on ne peut traverser sans prononcer son
nom avec reconnaissance. Il est beau, Messieurs, de laisser de
si nobles traces de son passage sur la terre, et de léguer ainsi,
à tous les siens et à son pays, une mémoire honorée et bénie.

Cependant, Mes très-chers frères, tout en rendant hommage à
l'homme de bien; tout en rappelant ses titres à notre estime, à
notre affection, à nos regrets, n'oublions pas que nous sommes
à côté d'un cercueil. Contemplons-le, ce cercueil avec un pieux
recueillement, et demandons-lui, dans ce moment solennel, ce

qui reste à cet ami, de tant d'activité, de tant d'entreprises, de tant de travaux, de tant d'agitation ? Vous le voyez, il n'en emporte rien ; non, rien. Mais maintenant qu'il contemple dans le repos, la plus majestueuse, la plus durable, la plus sainte, la plus douce des réalités, ne vous semble-t-il pas l'entendre nous dire, du milieu des clartés nouvelles qui l'environnent : « Mes « amis ! mes amis ! *Vous vous inquiétez et vous agitez pour beau-* « *coup de choses, mais une seule est nécessaire.* » Amen.

DISCOURS

prononcé

PAR M. LE DOCTEUR A. PENOT,

Messieurs,

Notre ville et la France viennent de perdre un grand citoyen dans la personne de Nicolas Koechlin. Il n'y aura qu'une voix pour reconnaître en lui le négociant probe et consommé, l'esprit à la fois entreprenant et sage, le cœur où débordaient les sentimens humains. Quant à l'homme politique, si, parmi les nombreux partis qui divisent la France depuis soixante ans, Nicolas Koechlin a rencontré des adversaires, il n'a jamais trouvé d'ennemi ; parce qu'aucun calcul d'ambition n'était entré dans son âme brûlant de patriotisme, et que toutes les convictions honnêtes et sincères sont respectables, même aux yeux de ceux qui ne les partagent pas.

La vie de Nicolas Koechlin est si connue de la plupart de vous, Messieurs ; les grandes choses qu'il a faites sont si présentes à l'esprit de tous, et frappent si vivement les yeux en Alsace, qu'il semblerait inutile de les rappeler, si nous ne devions ce dernier hommage à la mémoire d'un des hommes qui ont le plus illustré notre province, et si ces souvenirs n'étaient pas un magnifique enseignement pour la jeune génération qui m'écoute.

Vers la fin du siècle dernier, au fond d'une vallée des Vosges, dans une ferme dépendant de la manufacture de Wesserling, dont il était un des associés, un fils de ce Samuel Koechlin qui fut un des trois fondateurs de l'industrie des toiles peintes à Mulhouse, élevait péniblement, avec le secours intelligent et assidu de sa vigilante épouse, sa famille composée de seize enfants, dont Nicolas faisait partie. C'est de ce modeste asile que devaient sortir ces hommes qui ont porté l'éclat de leur nom chez toutes les nations commerçantes, et qu'on a vus s'élever aux premiers rangs de la société par la seule force de leur intelligence, de leur travail et de leur probité. Combien de nous, Messieurs, ont entendu raconter à Nicolas Koechlin les difficultés sans nombre que son défaut de fortune lui fit rencontrer dès son début dans la carrière commerciale; la joie de ses premiers succès; son bonheur lorsqu'il appelait successivement à lui son vieux père, ses frères, ses beaux-frères, qu'il associait à sa maison? Comme il était fier de n'être que l'enfant de ses œuvres! Et il avait raison, Messieurs. Si la reconnaissance publique, même après plusieurs siècles, honore encore dans leurs descendans ceux qui furent assez heureux pour rendre autrefois de grands services à la patrie, ceux-là qui contribuent eux-mêmes à sa prospérité et à sa gloire, ne sont-ils pas dignes à un plus haut titre de l'estime et de l'affection de leurs concitoyens?

C'est à l'âge de vingt ans à peine, qu'après s'être fait connaître avantageusement de tous ceux qui avaient été en relation avec lui, Nicolas Koechlin fonda sa maison, n'ayant encore d'autre crédit que celui qui repose sur une activité infatigable, une haute capacité commerciale et une probité à toute épreuve. Mulhouse venait de se réunir à la France et ses fabriques commençaient déjà à prendre ce vaste développement auquel Nicolas Koechlin a tant contribué, et qui devait faire acquérir à notre ville une importance alors inespérée. Placée pour ainsi dire au centre du nouveau monde politique créé en Europe par le blocus continental, Mulhouse s'habituait à cette activité industrielle qu'elle n'a pas désapprise depuis ; et ses enfans s'étaient si bien identifiés avec leur nouvelle patrie, que personne ne s'émut plus qu'eux, à la fin de l'empire, des grands désastres de la France.

C'était en 1813 ; l'Alsace allait être envahie par l'ennemi. Nicolas Koechlin, alors colonel de la garde nationale de Mulhouse, après avoir garanti par un engagement personnel de deux cent mille francs une partie de l'approvisionnement d'Huningue, et avoir mis sa famille à l'abri de tout péril en Suisse, ferme ses ateliers, et, accompagné de deux de ses frères et d'un autre de ses parens, va offrir à l'empereur son dévouement et son épée. Présentés par l'illustre maréchal Lefebvre, nos quatre héroïques compatriotes furent, sur l'ordre de Napoléon, attachés au quartier impérial comme officiers d'ordonnance volontaires. C'est en cette qualité que Nicolas Koechlin fit la campagne de France, pendant laquelle il fut décoré de la Légion-d'Honneur.

Après l'abdication de Fontainebleau, Nicolas Koechlin rentre à Mulhouse, ouvre de nouveau ses ateliers ; et admirablement secondé par ses frères, dont l'un a su se faire un si grand nom dans l'industrie, leur imprime cette activité, cette direction habile qui leur valent la plus belle réputation dans le monde entier, et dont l'exemple a tant contribué à la prospérité des établissemens de notre pays. Puis, au bout de vingt années, se retirant des affaires qui ont fait jusque-là à peu près exclusivement l'occupation de sa vie, il songe à doter notre province d'un chemin de fer, qui sera le premier en France de quelque étendue. Vous vous rappelez, Messieurs, les fêtes qui eurent lieu à Thann, à Mulhouse, à Bâle, à Strasbourg, lors de l'inauguration des diverses parties de cette ligne. Quel enthousiasme, quelle reconnaissance alors dans nos populations pour l'homme à qui elles devaient ce bienfait ! Hélas ! par quel retour soudain et inattendu , un ingrat oubli chez beaucoup a-t-il succédé à ce premier élan si juste et si bien mérité !

A tous ces titres qui feront sa gloire, Nicolas Koechlin en joint d'autres qui , pour avoir eu moins d'éclat, n'en sont pas moins précieux. Il a eu l'honneur pendant dix ans de représenter le Haut-Rhin, à la Chambre des Députés, où personne ne contesta jamais l'honnêteté de ses votes. C'est sa prévoyante générosité qui a assis sur des bases solides, dont elle manquait d'abord , la Société industrielle de Mulhouse, dont les commencemens furent si modestes , et qui devait bientôt devenir une des gloires de l'Alsace. Certes, les hommes d'étude et de pratique ne faisaient pas défaut pour faire acquérir à cette utile institution la haute réputation de savoir à laquelle elle s'est élevée dans le monde savant et industriel ; mais il faut aussi à un corps une puissance matérielle, sans laquelle ses efforts restent souvent impuissans. Ce fut pour donner à la Société industrielle , dont il prévoyait tout l'avenir, cette force et une stabilité qu'elle n'avait pas alors, que Nicolas Koechlin la dota généreusement du vaste hôtel qu'elle occupe depuis plus de vingt ans.

Cet acte d'une si grande libéralité ne surprit personne, venant de lui. Quelque soin qu'il pût mettre à s'en cacher, qui ne savait parmi nous quelques-uns de ces nombreux bienfaits qu'il répandait d'une main si prodigue et si discrète ! Quel homme fit plus de bien et avec plus de discernement ! Pourquoi faut-il ajouter que, comme tous les cœurs généreux, il a eu le malheur de faire beaucoup d'ingrats ; mais si cet oubli de ses bienfaits a pu l'attrister quelquefois, il avait une trop belle âme , et une trop longue pratique de la vie pour ne pas trouver sa consolation dans cette chrétienne pensée, que nous devons faire du bien aux autres pour eux , et non pour nous.

Pour prix de tant de travaux, de si grandes et de si nobles actions, il semble à notre faible intelligence que Dieu aurait dû accorder à Nicolas Koechlin le bonheur de jouir, dans une longue vieillesse et au milieu d'une famille qui l'adorait, de l'honorable repos qu'il avait si bien mérité. Mais qui peut sonder les secrets desseins de la Providence? La vie active de Nicolas Koechlin était finie; il ne restait plus de lui que l'homme de bien, que le cœur généreux qui ne vieillit pas; et Dieu a voulu lui accorder cette grâce de placer dans sa famille une femme d'un dévoûment admirable, dont le nom est dans la bouche de tous, et qui reste sur cette terre, pour le remplacer auprès des malheureux, à qui elle a depuis longtemps consacré sa noble vie.

Nicolas Koechlin, reçois l'adieu suprême que je t'adresse ici au nom de tous tes compatriotes affligés. Si nous avons eu la douleur de te perdre, du moins ton souvenir restera vivant parmi nous; et longtemps encore nous parlerons de toi à nos enfans, pour qu'ils apprennent par ton exemple ce que peuvent le travail, la probité, l'amour des hommes et de la patrie.